DÉTECTIVES EN HERBE

Bestioles à la loupe

D1384433

DÉTECTIVES

EN HERBE

Bestioles à la loupe

NIC BISHOP

Texte français de Martine Faubert

Les éditions Scholastic

TABLE DES MATIÈRES

REGARDE AVEC UNE LOUPE

SOUS TES PIEDS

UN BALLET DANS LES FLEURS

PIQUE-NIQUE DANS LE POTAGER

LES LOCATAIRES DE LA REMISE

REGARDE AVEC UNE LOUPE
COMMENT UTILISER CE LIVRE

Il se passe mille choses dans ton jardin, juste sous ton nez. Toutes sortes de bestioles sont là à ramper, voler, se cacher, manger et, même, se faire manger par d'autres. À toi de découvrir ce monde fascinant! Dans cet album, tu apprendras à connaître plus de 125 insectes, petits animaux et autres bestioles. Chaque espèce a un endroit de prédilection – on dit un habitat – où elle se plaît à vivre, que ce soit au sol, sous une bûche ou dans un arbre. Examine attentivement les sept tableaux photographiques représentant le genre d'habitats qu'on rencontre dans un jardin. Les bestioles y sont montrées en grandeur nature et telles qu'elles vivent dans leur milieu naturel. Nomme celles que tu reconnais et essaie de deviner ce qu'elles sont en train de faire. Ensuite, complète tes connaissances en lisant les notes d'observation qui suivent chaque tableau. Enfin, va enquêter toi-même dans ton jardin pour voir quelles bestioles tu y retrouves. Attention, car certaines sont des as du camouflage, et tu auras du mal à les trouver. Mais d'autres sont si voyantes et si bruyantes que tu ne pourras pas les manquer. Plus tu exploreras attentivement la vie dans ton jardin, plus tu feras d'intéressantes découvertes.

Tu auras besoin d'une loupe pour effectuer tes enquêtes. Dans cet album, les bestioles représentées sous une grande loupe sont deux fois plus grandes qu'en réalité, et

20 septembre

9 h – Beau soleil.
Vu papillon blanc sur
choux dans le potager.

points noirs

5 cm

2,5cm ligne

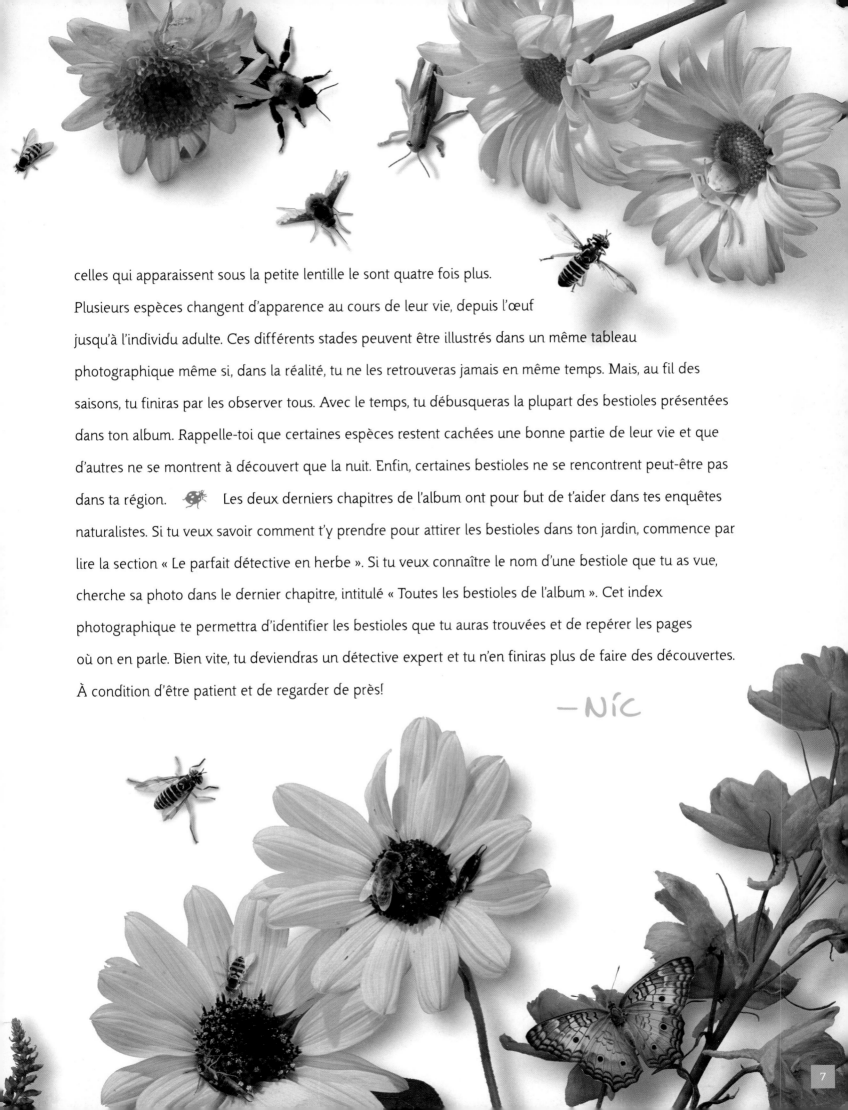

celles qui apparaissent sous la petite lentille le sont quatre fois plus.

Plusieurs espèces changent d'apparence au cours de leur vie, depuis l'œuf

jusqu'à l'individu adulte. Ces différents stades peuvent être illustrés dans un même tableau

photographique même si, dans la réalité, tu ne les retrouveras jamais en même temps. Mais, au fil des

saisons, tu finiras par les observer tous. Avec le temps, tu débusqueras la plupart des bestioles présentées

dans ton album. Rappelle-toi que certaines espèces restent cachées une bonne partie de leur vie et que

d'autres ne se montrent à découvert que la nuit. Enfin, certaines bestioles ne se rencontrent peut-être pas

dans ta région.   Les deux derniers chapitres de l'album ont pour but de t'aider dans tes enquêtes

naturalistes. Si tu veux savoir comment t'y prendre pour attirer les bestioles dans ton jardin, commence par

lire la section « Le parfait détective en herbe ». Si tu veux connaître le nom d'une bestiole que tu as vue,

cherche sa photo dans le dernier chapitre, intitulé « Toutes les bestioles de l'album ». Cet index

photographique te permettra d'identifier les bestioles que tu auras trouvées et de repérer les pages

où on en parle. Bien vite, tu deviendras un détective expert et tu n'en finiras plus de faire des découvertes.

À condition d'être patient et de regarder de près!

— Níc

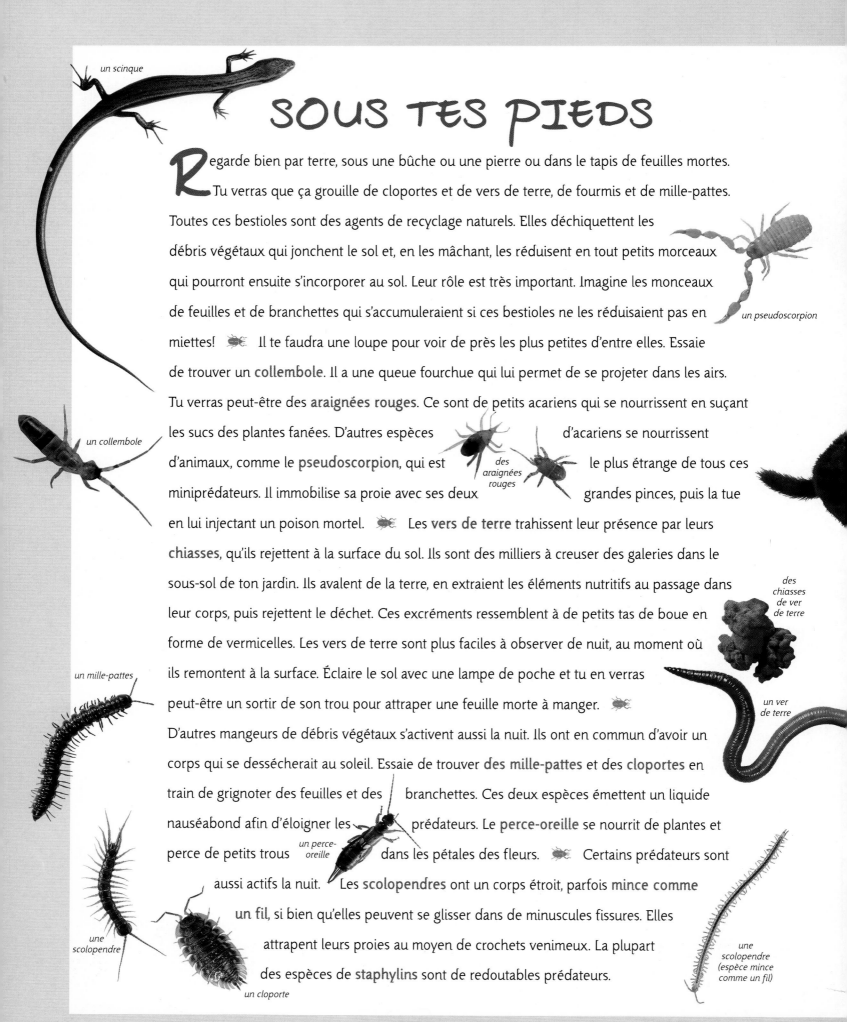

SOUS TES PIEDS

Regarde bien par terre, sous une bûche ou une pierre ou dans le tapis de feuilles mortes. Tu verras que ça grouille de cloportes et de vers de terre, de fourmis et de mille-pattes. Toutes ces bestioles sont des agents de recyclage naturels. Elles déchiquettent les débris végétaux qui jonchent le sol et, en les mâchant, les réduisent en tout petits morceaux qui pourront ensuite s'incorporer au sol. Leur rôle est très important. Imagine les monceaux de feuilles et de branchettes qui s'accumuleraient si ces bestioles ne les réduisaient pas en miettes! 🪲 Il te faudra une loupe pour voir de près les plus petites d'entre elles. Essaie de trouver un **collembole**. Il a une queue fourchue qui lui permet de se projeter dans les airs. Tu verras peut-être des **araignées rouges**. Ce sont de petits acariens qui se nourrissent en suçant les sucs des plantes fanées. D'autres espèces d'acariens se nourrissent d'animaux, comme le **pseudoscorpion**, qui est le plus étrange de tous ces miniprédateurs. Il immobilise sa proie avec ses deux grandes pinces, puis la tue en lui injectant un poison mortel. 🪲 Les **vers de terre** trahissent leur présence par leurs **chiasses**, qu'ils rejettent à la surface du sol. Ils sont des milliers à creuser des galeries dans le sous-sol de ton jardin. Ils avalent de la terre, en extraient les éléments nutritifs au passage dans leur corps, puis rejettent le déchet. Ces excréments ressemblent à de petits tas de boue en forme de vermicelles. Les vers de terre sont plus faciles à observer de nuit, au moment où ils remontent à la surface. Éclaire le sol avec une lampe de poche et tu en verras peut-être un sortir de son trou pour attraper une feuille morte à manger. 🪲 D'autres mangeurs de débris végétaux s'activent aussi la nuit. Ils ont en commun d'avoir un corps qui se dessécherait au soleil. Essaie de trouver **des mille-pattes** et des **cloportes** en train de grignoter des feuilles et des branchettes. Ces deux espèces émettent un liquide nauséabond afin d'éloigner les prédateurs. Le **perce-oreille** se nourrit de plantes et perce de petits trous dans les pétales des fleurs. 🪲 Certains prédateurs sont aussi actifs la nuit. Les **scolopendres** ont un corps étroit, parfois **mince comme un fil**, si bien qu'elles peuvent se glisser dans de minuscules fissures. Elles attrapent leurs proies au moyen de crochets venimeux. La plupart des espèces de **staphylins** sont de redoutables prédateurs.

un scinque

un pseudoscorpion

un collembole

des araignées rouges

des chiasses de ver de terre

un mille-pattes

un ver de terre

un perce-oreille

une scolopendre

un cloporte

une scolopendre (espèce mince comme un fil)

Les bestioles que tu vois ici peuvent être plus grandes ou plus petites qu'en réalité.

une salamandre cendrée

un staphylin

une musaraigne

Ils courent très vite et s'emparent de leurs proies avec leurs puissantes mâchoires. Les salamandres aiment faire la chasse aux vers de terre et aux insectes la nuit, sous la pluie. Comme elles respirent par la peau, celle-ci doit toujours rester humide. Certaines espèces, comme la salamandre cendrée, n'ont même pas de poumons. D'autres prédateurs s'activent plutôt le jour. Le scinque aime prendre des bains de soleil, perché sur un rocher ou une bûche. Il reste là, immobile, à l'affût des coléoptères, des papillons de nuit et autres bestioles. La cicindèle apprécie aussi les bains de soleil. C'est un dangereux prédateur qui se déplace à toute vitesse au sol et qui repère ses proies grâce à ses grands yeux. Le plus actif de tous les chasseurs est la musaraigne. Il le faut bien, car elle mourrait de faim si elle cessait de manger pendant quelques heures.

une taupe

une cicindèle

Elle chasse jour et nuit, et dort rarement. Elle se nourrit de vers de terre, d'escargots et d'insectes. Elle peut même attraper de plus grosses bêtes, comme des souris, qu'elle empoisonne de sa salive venimeuse. Tu auras bien de la chance si tu vois une taupe, même si l'une d'elles habite dans ton jardin. La taupe passe presque toute sa vie sous terre, à creuser des galeries au moyen de ses pattes antérieures et à chasser les vers de terre. Elle peut manger chaque jour l'équivalent de son poids en vers de terre. Les fourmis aussi creusent dans le sol de ton jardin. Les entrées d'une fourmilière de fourmis des champs donnent accès à un vaste réseau de galeries et de chambres souterraines. Certaines chambres servent à garder les œufs et d'autres à élever les jeunes. Il y a aussi une chambre royale, où la reine pond ses œufs. Si tu aperçois une grosse fourmi velue, prends garde, car ce pourrait être une mutille. C'est en fait une espèce de guêpe sans ailes, dont la piqûre est très douloureuse. La guêpe de l'Est est aussi un insecte piqueur. Elle se nourrit de choses sucrées, comme les fruits, mais aussi d'autres insectes, comme les chenilles. Elle apprécie particulièrement la chenille du paon blanc, qui se nourrit de feuilles de plantain. Dans le tableau des pages 12 et 13, tu peux voir le papillon que donne cette chenille. Enfin, si tu trouves une tortue-boîte dans ton jardin, tu as vraiment une chance inouïe. Cette espèce peut vivre plus de cinquante ans. Elle se nourrit de fruits, gros et petits. Et si tu lui laisses un peu de nourriture pour chien, elle en mangera probablement aussi!

une chenille de paon blanc

une mutille

une guêpe de l'Est

l'entrée de la fourmilière

des fourmis des champs

une tortue-boîte

Retourne à la double page précédente pour voir ces bestioles en grandeur nature.

UN BALLET DANS LES FLEURS

un paon blanc

une abeille domestique

Pour nous, humains, les fleurs servent à faire des bouquets. Mais, pour un insecte, c'est de la nourriture. Regarde l'abeille quand elle butine une fleur. Elle introduit une sorte de langue creuse, longue et très fine, jusqu'au fond de la fleur afin d'y aspirer un liquide sucré et énergétique appelé le nectar. Les insectes dépensent beaucoup d'énergie en volant. Le nectar est donc un très bon aliment pour eux. 🦋 Une partie du nectar bu par l'abeille est mis en réserve dans une sorte d'estomac qu'on appelle un jabot. L'abeille y emmagasine aussi le pollen, qui est fait de petits grains jaunes également recueillis dans les fleurs. Elle retourne ensuite à la ruche. Le nectar et le pollen qu'elle rapporte servent à nourrir le couvain, c'est-à-dire les petites larves d'abeilles. Le reste est donné aux abeilles ouvrières pour qu'elles le transforment en miel, qui servira à nourrir la ruche pendant l'hiver. 🦋 Une fleur produit très peu de nectar à la fois. Les insectes butineurs doivent donc travailler très fort pour en récolter suffisamment. Une abeille doit récolter

un bourdon

le nectar de plus de 20 000 fleurs pour produire une seule cuillerée de miel! 🦋 Essaie de suivre un bourdon en train de survoler une plate-bande fleurie. Il ne s'arrête que quelques secondes sur chaque fleur. En buvant le nectar, il fait des réserves, tout comme l'abeille. Lorsqu'il en est bien rempli, il pèse deux fois plus que normalement. Mais ça ne

un Baltimore

l'empêche pas de voler encore, sur une distance de plus d'un kilomètre, pour revenir à sa ruche. 🦋 Les papillons de jour, comme le Baltimore, l'argynne et le paon blanc, goûtent le nectar d'abord avec leurs pattes! Ensuite, une fois posés sur la fleur de leur choix, ils déroulent leur longue trompe jusqu'au fond de celle-ci et en aspirent le nectar. Certains papillons de nuit butinent aussi les fleurs. Le sphinx colibri peut se déplacer de fleur en fleur sans même se poser. Grâce à sa trompe exceptionnellement longue, il peut aller chercher le nectar au fond de la fleur tout en volant sur place. Les guêpes se nourrissent aussi de nectar. 🦋 Les guêpes à papier et les

un argynne

un sphinx colibri

Les bestioles que tu vois ici peuvent être plus grandes ou plus petites qu'en réalité.

une guêpe à papier

un sphex

sphex chassent les insectes pour les donner à manger à leurs petits.

Mais ils butinent aussi, car le nectar leur fournit l'énergie nécessaire pour

voler. Les fleurs ne fabriquent pas leur nectar et leur pollen uniquement pour nourrir les

insectes. Elles s'en servent pour attirer les insectes afin que ceux-ci les aident à fabriquer leurs

graines. Quand un insecte se pose sur une fleur, quelques grains de pollen s'attachent à lui.

Quand il se pose plus tard sur une autre fleur de la même espèce et que quelques grains de

pollen se détachent de son corps et tombent sur les organes femelles de la fleur, alors celle-ci

peut fabriquer sa graine. C'est un très bel exemple d'association réussie. Sans les insectes,

bien des espèces de plantes disparaîtraient, et sans les fleurs, bien des insectes mourraient

de faim. Les insectes butineurs doivent se méfier des prédateurs. Un mydas

pourrait venir à passer et, apercevant une abeille ou une mouche, voler

un mydas

à toute vitesse pour tenter de l'attraper. Une araignée-crabe

une araignée-crabe

pourrait se cacher dans la fleur, prête à happer l'insecte

un bombyle

butineur avec ses longues pattes. Certaines araignées-crabes peuvent

même prendre la couleur de la fleur qu'elles visitent afin de passer inaperçues

aux yeux de leurs proies. Va voir de quelle couleur est devenue notre araignée-crabe,

dans le tableau photographique des pages 24 et 25. Le bombyle a vraiment une façon très

sournoise de chasser ses proies. Il repère d'abord des abeilles en train de butiner, puis les suit

jusqu'à leur ruche. Là, il pond ses œufs à proximité de la ruche. Quand les larves éclosent, elles

n'ont qu'à s'introduire dans la ruche pour y dévorer le couvain. La plupart

des animaux, y compris les humains, ont peur des abeilles à cause

de leur piqûre. Mais tu n'as pas à craindre l'éristale. Il

ressemble à une abeille et fait le même bruit en volant,

mais il ne pique pas. Il se fait passer pour une abeille afin

un éristale

d'éloigner les autres animaux. Se faire passer pour plus dangereux

des syrphes

qu'on ne l'est est une façon très efficace de tromper les prédateurs.

Ainsi, les syrphes présentent souvent des rayures jaunes et noires, comme les

guêpes, mais ne peuvent pas piquer. Ils font croire qu'ils le peuvent.

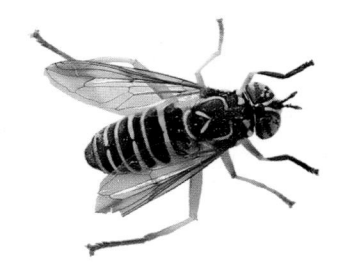

Retourne à la double page précédente pour voir ces bestioles en grandeur nature.

PIQUE-NIQUE DANS LE POTAGER

une coccinelle

une chenille du sphinx de la tomate

Manger des légumes frais cueillis du potager, c'est tellement bon! À condition que des insectes affamés n'y soient pas passés avant toi. La chenille du sphinx de la tomate adore manger les feuilles de cette plante. La jeune chenille doit devenir 5 000 fois plus grosse qu'à sa naissance pour atteindre sa taille d'adulte. Ensuite, elle descend de sa plante hôte et s'enfonce dans le sol. Là, elle se transforme en chrysalide. À l'intérieur de sa coquille brun foncé, la chrysalide demeure immobile; c'est un stade de repos. Mais il s'y passe quand même bien des choses. Le corps de la chenille se pare d'ailes, de pattes et d'antennes. Par la suite, la coquille de la chrysalide se fend, et un papillon adulte en sort. Va voir à la page 48 à quoi ressemble le sphinx de la tomate. Rien à voir avec sa chenille! Et bien vite, il sera prêt à son tour à pondre ses œufs sur tes plants de tomates. La piéride du chou survole ton potager à la recherche de plants de choux où pondre ses œufs. Comme les papillons goûtent avec leurs pattes, il lui suffit donc de se poser sur une plante pour la reconnaître. Et quelques jours plus tard, les petites chenilles de la piéride du chou vont se régaler de tes choux! Plusieurs espèces d'insectes ne se nourrissent que de leur plante préférée. La piéride du chou ne mange jamais de feuilles de tomates. Et le sphinx de la tomate ne mangera jamais de feuilles de chou. Le doryphore de la pomme de terre apprécie les feuilles des plants de pommes de terre, et la chrysomèle rayée du concombre se régale de feuilles de concombre et de courge. Pour les voir, tu iras donc les chercher sur leur plante préférée. D'autres espèces d'insectes sont moins capricieuses. Le scarabée japonais et la chrysomèle maculée du concombre mangent toutes sortes de plantes. Tu les trouveras donc un peu partout dans ton potager. Certains insectes mangeurs de plantes ne mangent pas les feuilles, mais en sucent plutôt la sève. La punaise de la courge et la punaise verte ont, en guise de bouche,

une coquille vide de la chrysalide du sphinx de la tomate

des œufs du sphinx de la tomate

de jeunes chenilles du sphinx de la tomate

des œufs de la piéride du chou

une chenille de la piéride du chou

une piéride du chou

un doryphore de la pomme de terre

une chrysomèle rayée du concombre

une chrysomèle maculée du concombre

un scarabée japonais

Les bestioles que tu vois ici peuvent être plus grandes ou plus petites qu'en réalité.

une punaise verte

des pucerons

une punaise
de la courge

une espèce de petit tube creux dont l'extrémité est effilée. Elles enfoncent celui-ci dans la tige

des plantes puis en sucent la sève, un peu comme on fait avec une paille à boire. Les punaises, tout

comme les mouffettes, émettent un liquide nauséabond pour repousser leurs prédateurs.

Les pucerons sont parmi les plus petits suceurs de sève de ton jardin. Cherche-les sur les jeunes

pousses et les bourgeons. Parfois, ils sont si nombreux sur une même plante qu'ils finissent par

l'endommager. Là où tu trouves une infestation de pucerons, tu devrais trouver des coccinelles.

une larve
de la
coccinelle

Une coccinelle adulte peut manger 50 pucerons par jour. Elle les tue en les serrant entre ses

mâchoires, puis en suce les substances internes. Les larves de la coccinelle sont

aussi des mangeuses de pucerons. On aime donc les voir dans son jardin.

une coccinelle
mexicaine
des haricots

Quand la coccinelle se sent menacée, elle émet par ses genoux un liquide

orangé très mauvais au goût.   Les jardiniers n'apprécient pas toutes les

espèces de coccinelles de la même façon. Par exemple, la coccinelle mexicaine des

des œufs
de la coccinelle
mexicaine
des haricots

haricots se nourrit de ces plantes. Pour trouver ses œufs, qui sont jaunes, tu dois regarder sous les

feuilles des haricots. Une seule coccinelle mexicaine peut pondre mille œufs dans toute

sa courte vie. Et chaque œuf donnera une larve également jaune et très vorace.

Essaie de trouver une couleuvre verte. Elle chasse les criquets et les grillons. Les

une larve
de la coccinelle
mexicaine
des haricots

serpents sont souvent dangereux à cause de leur venin, mais celui-ci ne te fera aucun mal.

En fait, les serpents sont de grands timides, c'est   pourquoi on en voit si peu souvent.

une couleuvre
verte

La grenouille léopard viendra peut-être faire   une visite nocturne dans ton potager,

en quête d'araignées, de vers   et de grillons à manger. C'est une excellente

sauteuse, qui peut faire des   bonds de 2 mètres.   La nuit est un

moment propice à l'observation   des bestioles mangeuses de légumes. L'escargot se

un escargot
commun

cache sous les pierres et les bûches pendant la journée. Quand la nuit vient, il sort, laissant sur son

passage une trace de mucus sécrété par son ventre. Ses antennes sont sensibles au toucher et au

goût, et chacune porte un petit œil à son extrémité. Quand l'escargot trouve une plante à son goût, il

la grignote avec les centaines de petites dents qui garnissent sa langue. S'il se sent menacé, il

rentre ses antennes et le reste de son corps dans sa coquille.   La limace est une

sorte d'escargot sans coquille. La plupart des limaces se nourrissent de plantes. Mais

la limace cendrée mange toutes sortes de choses, et même d'autres limaces!

une limace cendrée

une grenouille léopard

Retourne à la double page précédente pour voir ces bestioles en grandeur nature.

19

une souris commune

LES LOCATAIRES DE LA REMISE

Tu ne l'as peut-être pas encore remarqué, mais ta remise est habitée. Dès les premières lueurs du soleil, ça s'active, là-dedans. Les souris trottinent sur l'établi, les grillons chantent du fond de leur cachette et les geckos font la chasse aux insectes. Certaines de ces bestioles peuvent même décider de s'installer dans ta maison! ✳ La plupart des petites bêtes qui habitent ta remise se contentent d'un peu n'importe quoi à manger. La souris commune aime croquer les chandelles et même les savonnettes. Évidemment, elle préfère le bon goût des graines que tu gardes dans la remise pour nourrir les oiseaux. La maman souris aime installer ses petits dans une bonne cachette, comme au fond d'un vieux bidon. ✳ Si tu habites la campagne, ta remise abrite peut-être une souris à pattes blanches. Celle-ci, tout comme la souris commune, peut se déplacer facilement dans le noir grâce à ses moustaches très sensibles et à son odorat très fin. Elle a aussi l'ouïe très développée et se sauve dès qu'elle t'entend.

des souris communes nouvelles-nées

une souris à pattes blanches

une blatte américaine

✳ Les blattes peuvent manger du tissu, du bois et même du cirage. Leur corps aplati leur permet de se faufiler dans une fissure pour se cacher durant la journée. Dans l'obscurité, elles se servent de leurs longues antennes pour détecter la présence d'un ennemi, comme la souris commune, qui aime bien en faire son repas. Avec un peu de chance, une blatte germanique peut survivre jusqu'à cinq mois, et la blatte américaine, qui est plus grosse, jusqu'à deux ans. Essaie de trouver des œufs de blattes; ça ressemble à de petites capsules. ✳ Les blattes sont championnes dans l'art de s'esquiver. Elles ont, à l'arrière de leur corps, une sorte de détecteur de mouvement. C'est pourquoi elles réussissent toujours à s'échapper quand on les approche par-derrière, même le plus doucement du monde.

une blatte germanique

des œufs de blatte

Les blattes sont parmi les espèces d'insectes qui existent depuis très longtemps. On a retrouvé des espèces fossiles encore plus anciennes que les plus vieux dinosaures connus. ✳ Le poisson d'argent est  encore plus ancien. Les scientifiques pensent même que c'est un des plus vieux *un poisson d'argent* insectes du monde. Pour en trouver, regarde dans le creux d'un livre. Ils se cachent souvent entre les pages pour y grignoter la colle et les produits amidonnés dont on se sert pour relier les livres. Ils apprécient aussi la farine et les miettes de pain. ✳ La mouche domestique affectionne les déchets. Elle pond ses œufs sur la viande en décomposition; ainsi,

Les bestioles que tu vois ici peuvent être plus grandes ou plus petites qu'en réalité.

une mouche domestique

des pupes de mouche domestique

les asticots – que tu peux voir à la page 48 – ont de quoi manger dès leur sortie de l'œuf. Au bout d'une semaine, l'asticot se transforme en pupe. Quelques jours plus tard, la coquille de la pupe s'ouvre et une nouvelle mouche en sort. Une mouche peut vivre jusqu'à un mois, si elle ne se fait pas manger auparavant. Les araignées communes tendent leurs toiles aux fils gluants pour les piéger. Les araignées sauteuses bondissent sur elles pour les attraper. Ces dernières ont une très bonne vue et surveillent tout ce qui bouge. Quand deux araignées sauteuses se rencontrent, elles lèvent les pattes avant et les agitent dans les airs, en signe de reconnaissance. Il le faut bien, sinon l'une risquerait de sauter sur l'autre.

une mouche sortant de la coquille de sa pupe

une araignée commune

Le gecko commun est aussi un chasseur de mouches. Il peut grimper sur les murs et les plafonds, à la poursuite de sa proie. Le dessous de ses pattes est couvert de petits coussinets garnis de ventouses. Il se délecte de grillons domestiques. Les grillons ne sont pas trop envahissants dans la remise, mais ils font beaucoup de bruit. Le mâle chante en frottant ses ailes l'une contre l'autre. La femelle écoute ce chant de toutes ses oreilles, qui sont situées sous ses pattes avant. Les fourmis que tu rencontreras sont sans doute à la recherche de restes de nourriture. La fourmi noire des jardins mange de presque tout, mais a une nette préférence pour le sucré. Quand une fourmi découvre de quoi manger, son corps se met à sécréter un liquide spécial qui imprègne le sol sur son passage. Les autres fourmis vont ensuite se servir de cette odeur comme d'une piste pour retrouver la source de nourriture.

des araignées sauteuses

Si tu trouves de très, très grosses fourmis, il s'agit probablement de jeunes reines de la fourmi charpentière. Elles viennent tout juste de quitter leur maman et sont à la recherche d'un bon endroit pour fonder un nouveau nid. Les fourmis charpentières fabriquent leur nid à l'intérieur d'un morceau de bois dans lequel elles creusent des galeries. Les poutres et les planches de ta remise pourraient bien faire leur affaire. Les jeunes reines ont des ailes afin de pouvoir quitter le nid où elles sont nées. Une fois trouvé l'emplacement du nouveau nid, elles les perdent et se mettent aussitôt à creuser des galeries dans le bois. Essaie encore de trouver des guêpes à papier. Au printemps, les reines de cette espèce se mettent à la recherche d'endroits bien au sec où établir leur nid. Si tu les laisses faire, tu pourrais bien te retrouver avec des centaines de guêpes à papier s'agitant dans ta remise et tout autour.

une reine de la fourmi charpentière

une reine ailée de la fourmi charpentière

un grillon domestique

une fourmi noire des jardins

une guêpe à papier

un gecko commun

Retourne à la double page précédente pour voir ces bestioles en grandeur nature.

une couleuvre verte

DANS LA JUNGLE D'HERBES FOLLES

une araignée-crabe

S'il y a un coin d'herbes folles dans ton jardin, ne le détruis surtout pas. Profites-en plutôt pour y faire une enquête naturaliste. Tu ne le regretteras pas, car les herbes folles forment une espèce de jungle en miniature où se réfugient toutes sortes de bestioles en quête de nourriture ou d'une bonne cachette. 🐛 La couleuvre verte se faufile entre les tiges des graminées, à la recherche de criquets à croquer. Les coccinelles déambulent sur les feuilles, se régalant de pucerons. L'araignée-crabe attend patiemment sur une fleur, à l'affût d'une proie. La pisaure admirable est aussi une chasseuse. Quand elle capte dans sa toile les vibrations provoquées par un insecte qui s'y est aventuré, elle bondit dessus. Tu crois peut-être que le faucheur est une araignée à longues pattes, mais c'est faux. Il a huit pattes, comme les araignées, mais il ne tisse pas de toile et n'empoisonne pas ses proies en les mordant. Il se nourrit de cadavres d'insectes et ne s'attaque à des insectes vivants que s'ils sont tout petits. 🪲 Le coin d'herbes folles est l'endroit idéal pour observer des chenilles et des papillons. Cherche des œufs ou des chenilles de belle-dame sur les plants de mauve ou de chardon. Quand les chenilles sont prêtes, elles se fixent à une de ces plantes pour se transformer en chrysalides. Au bout de dix jours, la coquille de la chrysalide se fendille, et le papillon en sort. Il se fait d'abord sécher les ailes au soleil, puis il s'envole. Remarque les papillons qui reviennent ensuite pondre leurs œufs. 🪲 Dans ton coin d'herbes folles, tu trouveras peut-être des chenilles du monarque en train de se nourrir sur un plant d'asclépiade. Les rayures noires et jaunes de leur corps servent à avertir les prédateurs qu'elles sont mauvaises à manger. La sève de l'asclépiade est toxique, mais pas pour la chenille du monarque, qui l'emmagasine dans son corps. Ainsi, si un oiseau essaie de la manger, il tombe malade et apprend de cette façon qu'il vaut mieux se tenir loin des rayures jaunes et noires. La chrysalide du monarque est, elle aussi, protégée par les substances toxiques de l'asclépiade. Et son papillon également. 🪲 Les animaux apprennent aussi à ne pas

un criquet

une coccinelle

un faucheur

une pisaure admirable

des œufs de belle-dame

une chenille de belle-dame

une chrysalide de belle-dame

une chrysalide du monarque

une belle-dame sortant de sa coquille

une chenille du monarque

une belle-dame

un monarque

Les bestioles que tu vois ici peuvent être plus grandes ou plus petites qu'en réalité.

une petite punaise de l'asclépiade

un porte-queue gris

s'approcher des petites punaises de l'asclépiade, car celles-ci se nourrissent de cette plante, ce qui les rend toxiques de la même façon que les monarques. Leurs belles couleurs sont un signal qui signifie « Pas touche! » Le porte-queue gris n'est pas toxique, mais il a un très bon truc pour déjouer ses prédateurs. Les deux petites queues à l'arrière de ses ailes ressemblent aux antennes de sa tête. Quand un prédateur l'attaque par-derrière, le papillon lui échappe en s'envolant vers l'avant. La chenille du cuivré d'Amérique utilise un autre moyen de défense. Elle s'entoure de gardes du corps. Cette chenille se nourrit de trèfle, et son corps produit un liquide sucré qu'on appelle le miellat. Certaines fourmis, appelées ouvrières pot-de-miel, ont pour fonction de recueillir ce miellat pour leur colonie. Elles suivent donc la chenille et, en retour, la protègent contre les autres insectes prédateurs. La petite cercope se défend en fabriquant des bulles. Elle suce la sève des plantes pour se nourrir, puis émet des bulles dans un liquide que produit son corps. L'écume ainsi formée, appelée crachat de crapaud, lui sert de cachette. L'adulte ne produit pas cette écume. Il échappe à ses prédateurs grâce à ses bonds gigantesques. La cicadelle à lignes rouges est, elle aussi, une championne du saut. Le coin d'herbes folles a bien d'autres visiteurs. La libellule bleue quitte la berge de son étang pour venir y capturer des insectes qu'elle attrape au vol, entre ses pattes antérieures. Les fleurs sauvages sont emplies du chant du cyllène du robinier, des abeilles domestiques, des halictes et des abeilles charpentières, qui s'affairent à recueillir le nectar et le pollen. La pélopée maçonne recueille aussi le nectar, mais elle en profite pour chasser en même temps les sauterelles des bois et les grillons qu'elle ramène en pâture à ses petits. Par un chaud après-midi d'été, tu entendras ton coin d'herbes folles résonner du chant des grillons. Le mâle du grillon des arbres émet son chant afin de courtiser les femelles de son espèce. S'il réussit à plaire à l'une d'elles, celle-ci l'invite à cesser son chant afin de ne pas attirer d'autres femelles ou des prédateurs. Plus tu ouvriras tout grand tes yeux et tes oreilles pour observer les visiteurs du coin d'herbes folles, plus tu apprendras de choses concernant la nature. Cet endroit est toujours l'un des plus intéressants, dans un jardin.

une chenille du cuivré d'Amérique

une fourmi ouvrière pot-de-miel

une fourmi ouvrière pot-de-miel

un crachat de crapaud

des cercopes

un cyllène du robinier

une abeille domestique

une cicadelle à lignes rouges

un grillon des arbres

une pélopée maçonne

un halicte

une abeille charpentière

une libellule bleue

Retourne à la double page précédente pour voir ces bestioles en grandeur nature.

DANS LE FEUILLAGE

une jeune sauterelle des bois

un anolis vert

V a jeter un coup d'œil à ce qui se passe derrière les feuilles des arbustes et des arbres de ton jardin. Tu seras surpris de la quantité de bestioles qui s'y cachent. Mais tu devras bien regarder, car certaines sont des as du camouflage. La sauterelle des bois est d'une belle couleur vert feuillage afin de mieux échapper à ses prédateurs, tout comme l'anolis vert qui, grâce à sa couleur, se dérobe à l'œil des chats et des oiseaux. La cigale épineuse utilise un autre stratagème. Comme son nom l'indique, elle ressemble à une épine. Quel animal voudrait donc s'y piquer? Et si un prédateur se risque malgré tout à l'approcher, elle se sauve d'un grand bond. À cause de sa couleur brune, la cigale est

une cigale épineuse

difficile à voir lorsqu'elle est posée sur un tronc d'arbre. Mais tu n'auras aucun mal à l'entendre. Le son qu'elle produit, qu'on appelle une stridulation, est le plus fort de tous ceux que tu peux entendre dans ton jardin. La cigale passe les premières étapes de sa vie enfouie sous terre. C'est le stade de la nymphe, qui se nourrit de racines. Au bout de quelques années, la nymphe remonte vers la surface, puis le long d'un tronc d'arbre. Sa carapace se fendille alors, et une cigale adulte s'en extirpe. En juillet et en août, tu pourras trouver des dépouilles de nymphes de la cigale sur le sol. La mante religieuse se sert de sa couleur verte pour passer inaperçue aux yeux de ses prédateurs, mais aussi de ses proies. Si une mouche imprudente se pose à sa portée, elle la happe de ses longues pattes antérieures et la mange tout entière, ailes et pattes exceptées. La femelle de la mante religieuse pond ses œufs à l'automne et dépose la coque qui les contient sur un tronc d'arbre ou un montant de clôture. Les œufs éclosent au printemps, et les petits se mettent aussitôt à attraper mouches et moucherons pour se nourrir. Il y a quantité d'autres prédateurs qui se cachent sous le feuillage. La coccinelle est là, à la chasse aux pucerons et aux coléoptères, tout comme la chrysope. L'araignée sauteuse s'abat sur sa proie. Tel le chat, elle avance à pas feutrés sous le feuillage et, quand elle aperçoit un insecte à son goût, elle s'en approche doucement, puis lui saute dessus dans un grand bond. Elle peut faire des sauts équivalant à dix fois la longueur de son corps. La guêpe à papier est une chasseuse d'insectes.

une cigale

une dépouille de la nymphe de la cigale

une jeune mante religieuse

une mante religieuse

une mouche bleue

une mouche verte

une coccinelle

une coque d'œufs de mante religieuse

une chrysope

une araignée sauteuse

Les bestioles que tu vois ici peuvent être plus grandes ou plus petites qu'en réalité.

une guêpe à papier

une tipule

de jeunes chenilles de la saturnie cécropia

C'est aussi une mangeuse de bois. Elle mâche de petits morceaux de bois et les imprègne de sa salive pour fabriquer une sorte de pâte à papier dont elle se sert pour bâtir son nid. Il existe différentes espèces de guêpes à papier. Dans le tableau des pages 12 et 13, tu peux en voir une autre espèce. N'aie pas peur si tu vois une espèce de moustique géant dans les buissons. C'est probablement une tipule, et elle ne pique pas. Les adultes ne s'alimentent même pas. Ils ont mangé tout ce qu'ils avaient à manger dans leur vie quand ils étaient des nymphes et se nourrissaient de déchets végétaux. Si tu trouves des feuilles toutes découpées comme de la dentelle, c'est signe que des mangeurs de feuilles sont passés par là. Ce pourrait être la chenille de la saturnie cécropia. La jeune chenille change de couleur en grandissant. À l'automne, elle se tisse un cocon fibreux qu'elle accroche aux branches, puis elle s'y repose tout l'hiver. Un papillon en sort à la fin du printemps. C'est un papillon de nuit; pour l'apercevoir, il faut le chercher autour d'une lampe, comme celle qui éclaire le perron chez toi. Ce papillon pond ses œufs sur les feuilles d'érable, de bouleau et de frêne. Tu peux voir la saturnie cécropia à la page 48. Si tu aperçois un papillon tigré du Canada dans ton jardin, c'est qu'il y a trouvé un de ses arbres préférés pour y pondre ses œufs. Sa chenille se nourrit de feuilles de peuplier, de bouleau et de merisier. La sauterelle des bois est aussi une mangeuse de feuilles. Au printemps, tu trouveras ses petits qui, contrairement à l'adulte, n'ont pas d'ailes.

une chenille de la saturnie cécropia

des œufs de la saturnie cécropia

un cocon de la saturnie cécropia

une jeune sauterelle des bois

Les beaux soirs d'été, tu peux entendre le chant du mâle de la sauterelle des bois, qu'il produit en frottant ses ailes l'une contre l'autre. Ce chant sert à attirer les femelles, comme celle que tu peux voir dans le tableau des pages 32 et 33. Les crapauds, les grenouilles et les grillons chantent aussi, la nuit. Le son est un excellent moyen de communication dans le noir. La plupart des animaux émettent ainsi des sons caractéristiques de leur espèce, afin de se reconnaître. La rainette verte produit une sorte de bruit de crécelle : trrri, trrri, trrri. D'autres espèces de rainettes ont un chant ressemblant à un sifflement, à un jappement ou, même, à un ronflement. Si tu vois un point lumineux apparaître et disparaître dans le noir, c'est une luciole qui cherche à attirer ses congénères. Le mâle produit une lumière caractéristique de son sexe. Quand une femelle l'aperçoit, elle produit à son tour la lumière caractéristique de son sexe afin de signaler sa présence au mâle.

une rainette verte

un papillon tigré du Canada

une luciole

Retourne à la double page précédente pour voir ces bestioles en grandeur nature.

*un coliade
du trèfle*

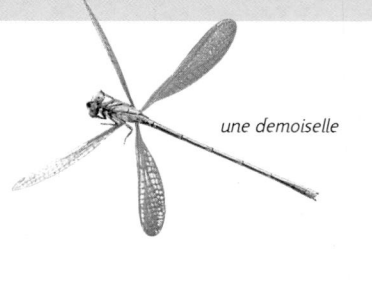

une demoiselle

AU-DESSUS
DE TA TÊTE

É tends-toi sur le dos et regarde ce qui se passe dans les airs. Papillons et coléoptères, guêpes

et mouches volettent dans la lumière du soleil, en quête de nourriture, d'un endroit où

pondre ou d'un moyen d'échapper à un prédateur. 🦋 Les insectes sont d'extraordinaires

acrobates aériens. Leur technique de vol s'apparente à celle de l'hélicoptère. Sous l'effet du

battement de leurs ailes, l'air est rabattu vers le sol et l'insecte est propulsé vers le

*une guêpe
à papier*

haut. La guêpe de l'Est et la guêpe à papier volent de cette façon, de même

que la demoiselle. Cette dernière peut aussi voler sur place et, même, à reculons.

*une guêpe
de l'Est*

🦋 Les papillons volent d'une autre façon. Le battement de leurs grandes ailes

provoque des remous dans l'air, qui les font avancer par petits mouvements saccadés. Regarde le

coliade du trèfle en train de voler. Vois comme il monte et descend continuellement

dans sa course. 🦋 Le battement des ailes des insectes est très rapide.

Ainsi, le bruit que fait le bourdon est produit par ses ailes qui effectuent

200 battements à la seconde. Le son du maringouin, si agaçant pour tes

oreilles, est produit par ses ailes qui font 600 battements à la seconde.

Autrement dit, 36 000 battements à la minute! Les ailes des insectes sont

incroyablement solides pour résister à de tels efforts. Elles contiennent de

la chitine, la même substance résistante dont est faite leur carapace. Les

un bourdon

*un
maringouin*

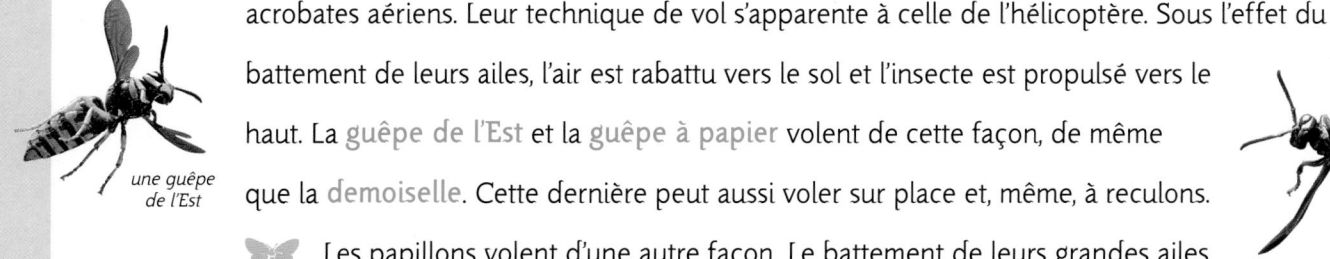

muscles associés à leurs ailes sont aussi très puissants. Leur force est trente fois plus

grande que celle de tes propres muscles. 🦋 Les libellules, comme la libellule

bleue et la libellule mélancolique, sont les insectes volants les plus rapides

de ton jardin. Certaines espèces de libellules atteignent des vitesses

de 50 km/h. Ce sont aussi des championnes de la chasse

en plein vol. Leurs gros yeux globuleux leur

permettent de voir dans toutes les directions à la fois.

Leur corps est garni de petits poils très

sensibles qui leur permettent d'évaluer leur vitesse et la

direction de leur vol. 🦋 La chrysope, un autre insecte

*une libellule
bleue*

*une libellule
mélancolique*

Les bestioles que tu vois ici peuvent être plus grandes ou plus petites qu'en réalité.

une chrysope

une sauterelle des bois

volant du jardin, capte les sons au moyen des poils qui garnissent ses ailes. 🦋 Le décollage est toujours une opération délicate pour les insectes, car ils doivent d'abord s'élever du sol en bondissant avant de pouvoir se mettre à battre des ailes. La sauterelle des bois peut sauter dans les airs tout en déployant ses ailes, mais, pour la coccinelle, l'envol est plus compliqué. Elle doit d'abord ouvrir la carapace rouge à points noirs qui protège ses ailes. Ensuite, elle doit déplier ses ailes, qui sont repliées à la manière d'une voile de bateau. Enfin, elle doit s'élever du sol d'une poussée de ses petites pattes pour ensuite se mettre à battre des ailes. Mais la coccinelle n'arrive pas toujours à effectuer correctement toute cette série d'opérations et, au lieu de s'envoler, elle tombe par terre. Les atterrissages lui causent aussi des problèmes.

une coccinelle

Elle s'écrase souvent par terre, mais c'est généralement sans grandes conséquences, car sa carapace est très solide. 🦋 La mouche est beaucoup plus habile dans les manœuvres d'atterrissage. Elle peut même atterrir la tête en bas et les pattes en l'air, sur l'envers d'une feuille. Mais elle doit être prudente.

Une araignée-lynx pourrait capter les vibrations que provoquent ses mouvements et s'abattre sur elle, à moins qu'elle ne s'envole aussitôt. La mouche est experte à capter les mouvements et a de remarquables réflexes. Essaie d'écraser une mouche bleue et tu verras comme elle réussit toujours à t'échapper. Son minuscule cerveau est beaucoup plus rapide que le tien.

une araignée-lynx

une mouche bleue

🦋 Certaines espèces d'insectes peuvent voler étonnamment longtemps. Tu apercevras peut-être un monarque dans ton jardin, à l'automne. Il y est de passage, en route pour un long voyage de 5 000 km qui le mènera jusqu'au Mexique où il passera tout l'hiver. Les belles-dames migrent aussi, à l'occasion, en quête de nourriture. Elles peuvent ainsi parcourir des centaines de kilomètres.

🦋 Un papillon ou une abeille volant au-dessus d'un jardin font toujours plaisir à voir. Chaque virage, chaque pirouette semble si facile à faire. Les scientifiques commencent à peine à percer les secrets du vol des insectes. Et il leur reste encore bien des choses à découvrir.

un monarque

une belle-dame

Retourne à la double page précédente pour voir ces bestioles en grandeur nature.

LE PARFAIT DÉTECTIVE EN HERBE

ASTUCES ET ACTIVITÉS

Tu peux apprendre une foule de choses sur la nature en enquêtant dans ton jardin. Chaque recoin est l'hôte d'une communauté de bestioles que tu peux aller espionner. Avec le temps, tu finiras par y retrouver la plupart de celles qui sont présentées dans cet album, ainsi que beaucoup d'autres. Voici quelques suggestions qui t'aideront à faire de belles découvertes dans ton jardin zoologique miniature.

Comment transformer un jardin en réserve faunique. Il y a bien des façons de rendre ton jardin plus accueillant pour les animaux. Par exemple, tu peux en laisser une partie en friche. Choisis un coin bien fourni en arbustes et couvre-sol, et cesse d'y ramasser les feuilles mortes et les branchettes qui tombent sur le sol. Ton coin de jardin sauvage sera bien vite adopté par toutes sortes de petites bêtes. Le tapis de feuilles mortes abritera les mangeurs de débris végétaux. Et, si tu y ajoutes une vieille bûche, les collemboles et autres bestioles mangeuses de bois seront sûrement ravis. ✿ S'il y a peu ou pas d'arbustes dans ton jardin, essaie de créer un coin de prairie. Choisis une partie ensoleillée de la pelouse et laisses-y pousser des graminées et des fleurs sauvages. Tu pourras bientôt partir à la chasse aux criquets, aux chenilles et aux araignées. ✿ Tu peux créer un jardin pour les papillons. Va voir dans des livres quelles sont les espèces de fleurs préférées des papillons. Ensuite, choisis un coin ensoleillé de ton jardin où tu sèmeras les graines de ces fleurs. Le buddléia, qu'on appelle aussi « arbre aux papillons », est toujours un bon choix. La lavande, le lilas, les asters, la verge d'or, les impatientes et la monarde font aussi l'affaire. Les papillons auront tôt fait d'adopter ta plate-bande fleurie. ✿ Tu peux aussi demander à un adulte de t'aider à installer une mangeoire à oiseaux. Ceux-ci mettront peut-être une ou deux semaines à la découvrir, mais, une fois qu'ils l'auront fait, ils y reviendront tous les jours et tu pourras les espionner à volonté.

Conseils pour le détective en herbe. Voici quelques trucs pour t'aider dans tes enquêtes. D'abord, rappelle-toi que les bestioles préfèrent souvent vivre cachées. Tu devras donc regarder sous les feuilles, à l'intérieur des fleurs et entre les branchettes, et être attentif au moindre indice, comme des feuilles percées de petits trous ou des fils d'araignées qui pendent. Pour trouver les mangeurs de débris végétaux, regarde sous les feuilles mortes. Soulève aussi les bûches et les pierres pour voir ce qu'elles cachent. Puis remets tout en place, comme avant ton arrivée, afin de ne pas détruire l'habitat de tes amies les bestioles.

Tu peux aussi ramasser dans un seau de petites quantités de débris végétaux et de terre. Puis, sur un grand carton blanc, par petites pincées, étale le contenu de ton seau. Avec un pinceau ou une branchette, éparpille délicatement les petits amas de feuilles et de terre et, en regardant bien, tu y découvriras les minuscules bestioles qui s'y cachaient. Remets le contenu de ton seau là où tu l'avais recueilli avant qu'il ne se dessèche. Tu peux aussi laisser allumé l'éclairage de ton perron durant les chaudes soirées d'été afin d'attirer les papillons de nuit, les coléoptères et les sauterelles des bois. Ça fonctionne particulièrement bien après une bonne pluie. Enfin, va visiter, à la noirceur, les coins de ton jardin que tu préfères. Tu y feras d'intéressantes découvertes, car bien des bêtes ne s'activent que la nuit.

L'équipement du détective en herbe. Quand tu auras identifié les coins de ton jardin où se cachent les bestioles, retourne les espionner autant que tu veux. Mais apporte avec toi ta trousse de détective en herbe. Il te faut d'abord une loupe, ainsi qu'un grand bocal dans lequel tu pourras mettre une bestiole, comme un ver de terre, afin de mieux l'observer. Munis-toi encore d'un pinceau, dont tu pourras te servir pour déplacer un insecte en douceur, si cela est nécessaire. Ne prends jamais une bestiole dans tes mains, car tu risquerais de la blesser, et elle pourrait te piquer ou te mordre. 🐝 L'élément le plus important de ta trousse est le carnet d'observation. C'est comme un carnet d'enquêteur. Tu inscris d'abord la date à laquelle tu as trouvé telle bestiole. Tu notes ensuite ce qu'elle faisait ou ce qu'elle était en train de manger. Puis, après avoir dressé une carte de ton jardin, tu y marques l'emplacement exact de ta découverte. Enfin, tu dessines l'animal et ajoutes à ton croquis les informations qui te semblent intéressantes, comme la couleur, la taille, le nombre d'ailes ou de pattes, la présence ou l'absence d'antennes. Ce sont des caractéristiques physiques qui t'aideront ensuite à l'identifier. 🐝 Si tu rencontres constamment le même animal, fais-en ton compagnon de jardin. Note dans ton carnet ce qui lui arrive, au jour le jour. Change-t-il de couleur ou de forme? Habite-t-il une nouvelle cachette? A-t-il pondu des œufs, et ceux-ci ont-ils éclos? Comment ses petits grandissent-ils? Bien vite, tu connaîtras la façon de vivre des bestioles avec lesquelles tu partages l'espace de ton jardin.

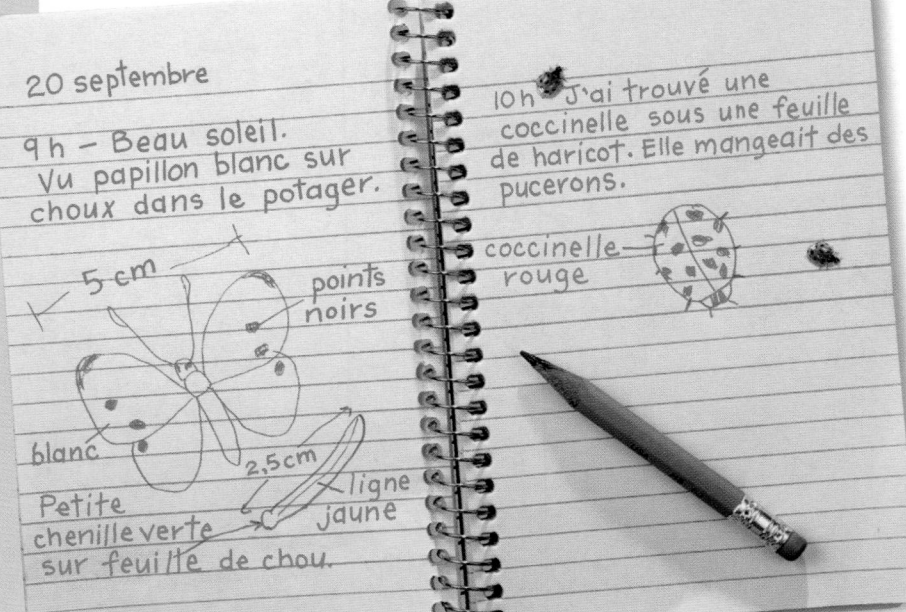

20 septembre

9 h – Beau soleil. Vu papillon blanc sur choux dans le potager.

5 cm — points noirs

blanc

2,5 cm

Petite chenille verte sur feuille de chou. — ligne jaune

10h J'ai trouvé une coccinelle sous une feuille de haricot. Elle mangeait des pucerons.

coccinelle rouge

Apprivoise une bestiole.

Si tu connais bien les habitudes de telle bestiole, tu pourrais essayer de la garder quelques jours chez toi afin de l'observer de plus près. Mais, auparavant, demande la permission à un adulte de ta famille, car certaines espèces ne peuvent pas se garder à l'intérieur.  D'abord, tu dois lui préparer un abri. Tu peux prendre une boîte de tôle ou un bocal muni d'un couvercle que tu perceras de petits trous d'aération. Déposes-y un peu de mousse fraîche ou du sable humide pour que ta bestiole ne se déshydrate pas. Ajoutes-y quelques branchettes pour qu'elle puisse y grimper, et aussi des feuilles vertes sur lesquelles elle pourra se reposer. N'en garde qu'une par contenant et ne laisse jamais un contenant en plein soleil. Les escargots, les limaces et les criquets se gardent bien en bocal. Donne-leur toujours des feuilles de l'espèce de plante sur laquelle tu les as trouvés. Tu peux aussi leur donner des feuilles de laitue et des morceaux de pomme. Chaque jour, enlève les débris de nourriture restante avant d'en remettre de la fraîche. Une araignée sauteuse ou une mante religieuse font aussi l'affaire. Toutes deux aiment bien les mouches en guise de repas. La mante se délectera également de petits papillons de nuit et de criquets. Au bout de trois ou quatre jours, remets tes bestioles là où tu les avais trouvées. Les animaux préfèrent toujours leur habitat naturel.

Consignes de sécurité

Le jardin est un magnifique terrain d'enquête, mais il y a un certain nombre de règles de sécurité à respecter. Rien d'autre que du gros bon sens.

1. Avertis toujours un adulte avant de partir enquêter.

2. Ne prends jamais un animal dans tes mains, sauf quand un adulte te le permet. Tu pourrais blesser l'animal, ou celui-ci pourrait te mordre ou te piquer.

3. Sois toujours très prudent avec les guêpes, les abeilles et les fourmis, et ne t'approche jamais de leurs nids, car elles pourraient te piquer ou te mordre si elles se sentaient menacées, et leur piqûre est très dangereuse pour ceux qui y sont allergiques.

4. Ne t'approche jamais d'un animal blessé ou malade. Tu pourrais l'effrayer, et un animal mal en point qui se sent menacé est imprévisible. Un animal malade pourrait aussi te contaminer. Dans un cas pareil, il vaut toujours mieux trouver un adulte qui sache quoi faire.

TOUTES LES BESTIOLES DE L'ALBUM

INDEX PHOTOGRAPHIQUE

*Les numéros de page en mauve renvoient aux tableaux photographiques. Ceux qui sont en **noir** renvoient au texte.*

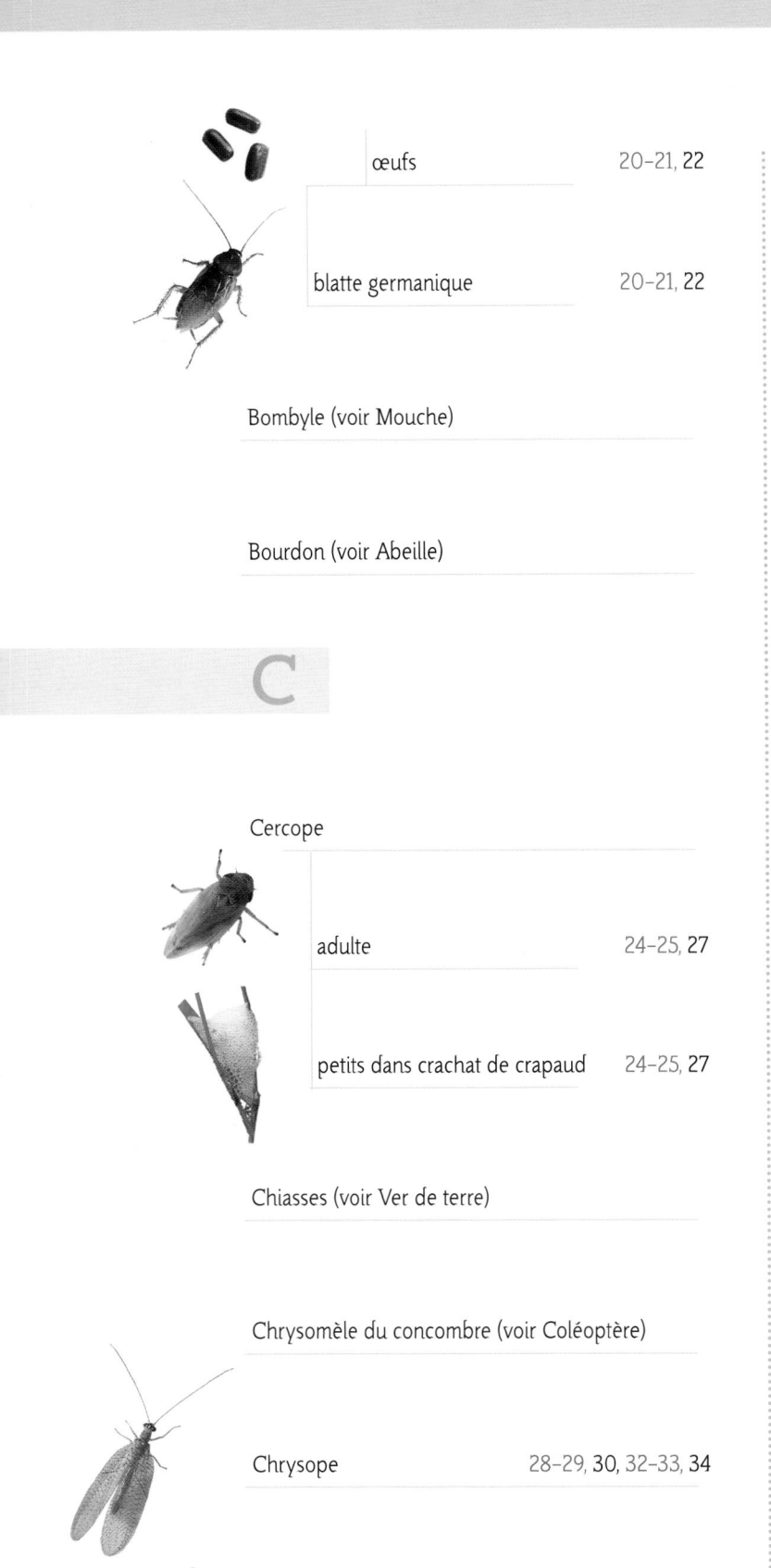

*Les numéros de page en mauve renvoient aux tableaux photographiques. Ceux qui sont en **noir** renvoient au texte.*

41

Les numéros de page en mauve renvoient aux tableaux photographiques. Ceux qui sont en **noir** renvoient au texte.

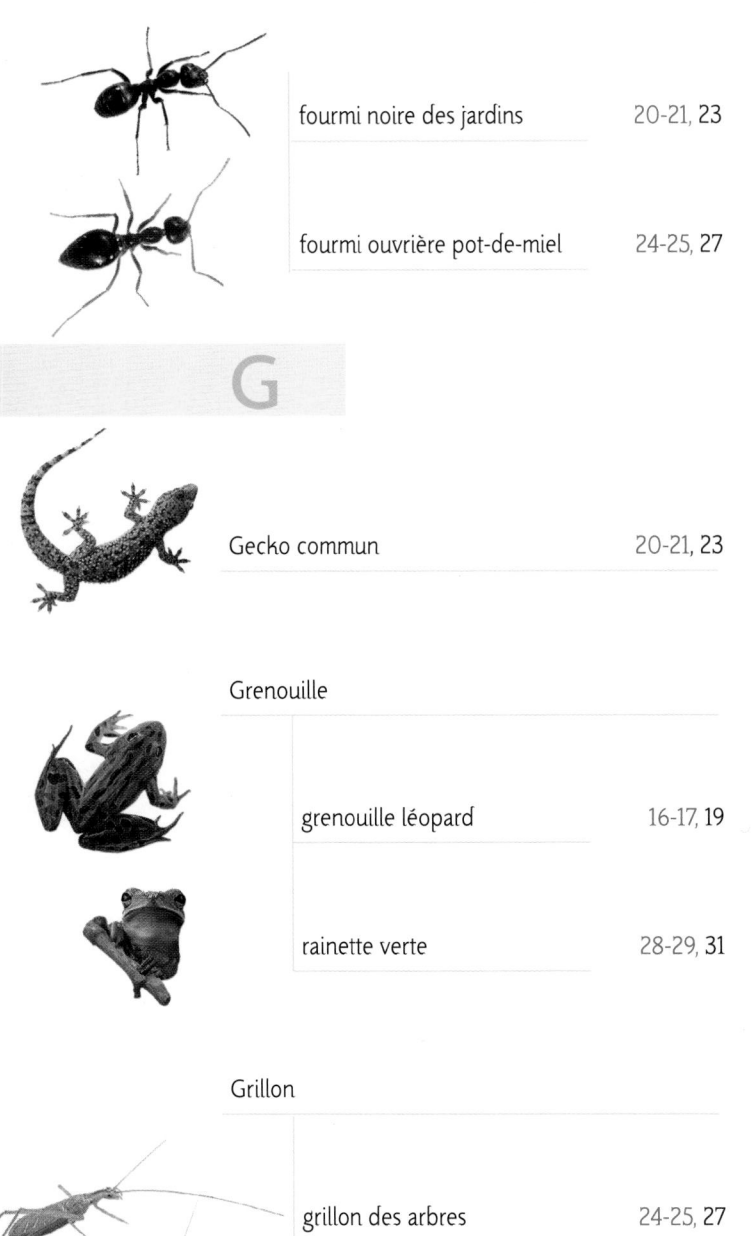

*Les numéros de page en mauve renvoient aux tableaux photographiques. Ceux qui sont en **noir** renvoient au texte.*

43

Baltimore	12-13, **14**
belle-dame	
adulte	24–25, **26**, 32–33, **35**
chenille	24–25, **26**
chrysalide	24–25, **26**
œufs	24–25, **26**
coliade du trèfle	32-33, **34**
cuivré d'Amérique	
chenille	24-25, **27**
monarque	
adulte	24–25, **26**, 32–33, **35**
chenille	24–25, **26**
chrysalide	24–25, **26**
paon blanc	

adulte	12-13, **14**
chenille	8-9, **11**
papillon tigré du Canada	28-29, **31**
piéride du chou	
adulte	16-17, **18**
chenille	16-17, **18**
œufs	16-17, **18**
porte-queue gris	24-25, **27**

Papillon de nuit

saturnie cécropia	
adulte	48
chenille	28-29, **31**
cocon	28-29, **31**
jeunes chenilles	28-29, **31**

*Les numéros de page en mauve renvoient aux tableaux photographiques. Ceux qui sont en **noir** renvoient au texte.*

45

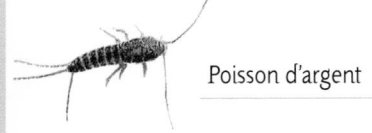
*Les numéros de page en mauve renvoient aux tableaux photographiques. Ceux qui sont en **noir** renvoient au texte.*

T

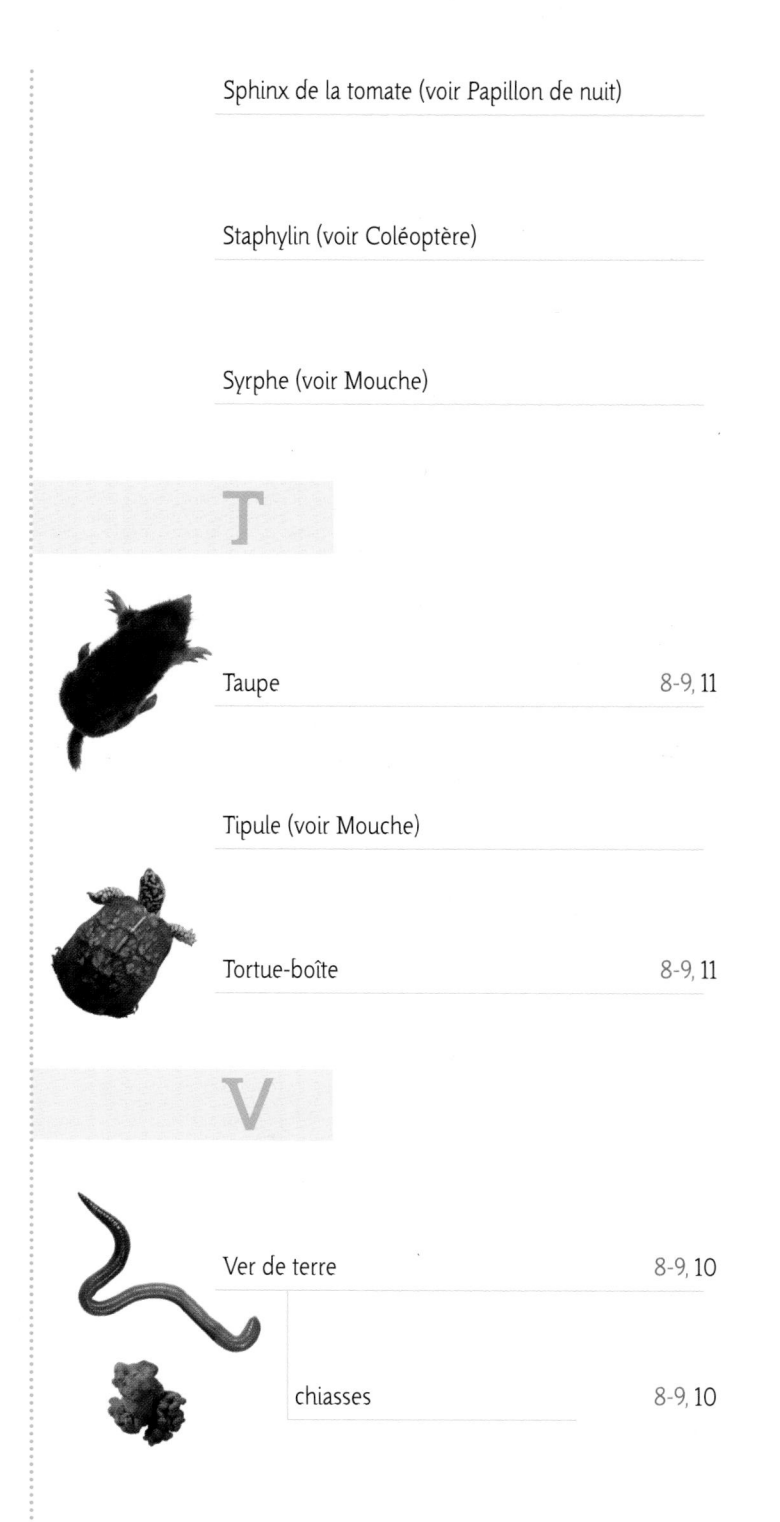

V

Les numéros de page en mauve *renvoient aux tableaux photographiques. Ceux qui sont en* **noir** *renvoient au texte.*

47

une saturnie cécropia

À PROPOS DES TABLEAUX PHOTOGRAPHIQUES

Les tableaux photographiques présentés sur double page ont été montés à partir de plusieurs photographies — souvent plus de soixante. Les bestioles, de même que les plantes et les autres composantes de ces tableaux, ont d'abord été photographiées isolément. Ces premiers clichés ont été numérisés, ce qui a permis ensuite de les intégrer aux maquettes des tableaux. Un soin particulier a été apporté à la composition de chaque montage afin de créer une impression de réalité. Tous les clichés ont été pris sous le même éclairage, ce qui permet de créer l'illusion que le tableau d'ensemble n'est qu'une seule et même photographie. Grâce à la numérisation, chaque bestiole a pu être « découpée » avec une extrême précision — même les petites pattes des fourmis — et extraite de son cliché d'origine. En intégrant ces découpes aux grands tableaux, et afin de rendre l'ensemble vraisemblable, il a fallu ajouter l'ombre projetée par le corps de chaque bestiole. Les clichés de bestioles en train de voler ou de sauter ont nécessité le recours à des techniques avancées. Ainsi, pour capter telle bestiole en mouvement, on s'est servi d'un déclencheur laser hypersensible qui actionnait un obturateur ultrarapide lorsque le sujet passait devant l'objectif, le tout étant associé à des flashs à haute vitesse afin de figer l'image de l'insecte en mouvement.

un sphinx de la tomate

REMERCIEMENTS

Je tiens à remercier les personnes et organismes suivants, qui m'ont aidé à trouver plusieurs bestioles dont il est question dans cet album : Don Winans (Worcester EcoTarium), Lyle Jensen (New England Alive), Jane Winchell (Peabody Essex Museum), Greg Mertz (New England Wildlife Center), Joseph Merritt et Meade Cadot (Harris Center for Conservation Education), the Newport Butterfly Farm, the Massachusetts Audubon Society, Elissa Landre, Ron et Gay Munro, Audrey Bishop et Inge et Arnie Weinberg. Je remercie également Lauren Thompson pour son travail d'éditrice. Je ne voudrais pas oublier ma femme, que je remercie pour sa bonne humeur et son immense patience face à tous les visiteurs à six pattes que je lui ai ramenés à la maison au fil des ans.

des asticots

Catalogage avant publication de la Bibliothèque nationale du Canada

Bishop, Nic, 1955-
   Détectives en herbe : bestioles à la loupe / Nic Bishop ; texte français de Martine Faubert.

Traduction de: Backyard detective : critters up close.
Pour les jeunes.
ISBN 0-439-97580-8

1. Faune urbaine--Ouvrages pour la jeunesse. 2. Insectes--Ouvrages pour la jeunesse. I. Titre.

QL49.B5714 2003   j591.75'6   C2002-904825-7

Copyright © Nic Bishop, 2002.
Copyright © Les éditions Scholastic, 2003, pour le texte français.
Tous droits réservés.
Conception graphique : Nancy Sabato
Il est interdit de reproduire, d'enregistrer ou de diffuser en tout ou en partie le présent ouvrage par quelque procédé que ce soit, électronique, mécanique, photographique, sonore, magnétique ou autre, sans avoir obtenu au préalable l'autorisation écrite de l'éditeur. Pour toute information concernant les droits, s'adresser à Scholastic Inc., 555 Broadway, New York, NY 10012.
Édition publiée par Les éditions Scholastic, 175 Hillmount Road, Markham (Ontario) L6C 1Z7.
5 4 3 2 1   Imprimé au Canada   03 04 05 06